MADAME DE RUMFORD.

MADAME DE RUMFORD.

(1758 – 1836.)

PAR M. GUIZOT.

A PARIS,

DE L'IMPRIMERIE DE CRAPELET,

RUE DE VAUGIRARD, N° 9.

1841.

MADAME DE RUMFORD.

Il y a cinq ans, dans une bonne et agréable maison qui n'existe plus, située au milieu d'un beau jardin qu'a remplacé une rue, se réunissait deux ou trois fois par semaine une société choisie et variée ; des gens du monde, des savants, des lettrés ; des étrangers et des nationaux ; des hommes d'autrefois et des hommes d'aujourd'hui ; des vieillards et des jeunes gens ; des membres du gouvernement et de l'opposition. Parmi les personnes qui se voyaient là, beaucoup ne se rencontraient point ailleurs ; et ailleurs, si elles s'étaient rencontrées, elles se seraient probablement mal accueillies, peut-être même à peine tolérées. Mais là, tous se traitaient avec une extrême politesse, presque avec bienveillance. Non que personne y fût attiré par quelque intérêt, quelque dessein qui le contraignît de dissimuler ses sentiments ; ce n'était pas une maison de patronage politique ou littéraire, où l'on vînt pour pousser sa fortune ou préparer son succès. Le goût de la bonne compagnie, les plaisirs de l'esprit et de la conversation, le désir de prendre sa part dans ces incidents journaliers de la vie sociale qui font l'amusement du monde poli et le délassement du monde occupé, c'était là le seul motif, c'était l'attrait qui réunissait chez madame de Rumford une société si empressée, et, dans cette société, tant d'hommes distingués et si divers.

Fontenelle, Montesquieu, Voltaire, Turgot, d'Alembert, s'ils revenaient parmi nous, seraient bien surpris de nous voir remarquer une telle maison et ses habitudes comme quelque chose de singulier et de rare. C'était l'esprit général, la vie habituelle de leur temps : temps de noble et libérale sociabilité, qui a remué de bien grandes questions et de bien grandes choses, et n'en a pris que ce qu'elles ont de doux, le mouvement de la pensée et de l'espérance, laissant à ses héritiers le fardeau de l'épreuve et de l'action.

Quand l'héritage s'est ouvert, quand notre génération, au début de l'Empire, est entrée en possession de la scène du monde, le xviiie siècle, clos la veille, était déjà loin, bien loin de nous. Un abîme immense, la Révolution nous en séparait. Le passé tout entier, un passé de plusieurs siècles, et le xviiie siècle comme les autres, s'y était englouti. Aucun des grands hommes qui avaient fait la force et la gloire de cette grande époque ne vivait plus. Ces salons de Paris, théâtre et instrument de leurs succès, cette société si brillante, si passionnément adonnée aux plaisirs de l'esprit, avaient disparu comme eux. Au lieu de se chercher et de se réunir, comme naguère, pour s'animer ensemble du même mouvement, la noblesse, l'Église, la robe, les hommes d'affaires, les lettrés, toutes les classes de l'ancien régime, ou plutôt leurs débris, car de toutes choses il ne restait que des débris, se séparaient, s'évitaient presque, rentraient chacune dans les habitudes et les intérêts de leur situation spéciale. A l'élan commun des idées succédaient la dispersion et l'isolement des coteries. Émigrés, Constituants, Conventionnels, fonctionnaires impériaux, savants, gens de lettres, autant de coteries pensant et vivant chacune à part, indifférentes ou malveillantes l'une pour l'autre.

Le XVIIIe siècle avait aussi la sienne; pure coterie comme les autres, mais seule héritière du caractère dominant de l'époque, seule fidèle aux mœurs et aux goûts de cette société philosophique qui avait péri elle-même dans la ruine de la grande société qu'elle avait démolie.

Une femme de soixante-dix-neuf ans, deux académiciens, l'un de quatre-vingt-deux ans, l'autre de soixante-seize, voilà quels centres restaient, en 1809, à cette société qu'en 1769 tant de gens, et de si puissants, s'empressaient d'attirer et de grouper autour d'eux. Le salon de madame d'Houdetot, celui de M. Suard, celui de l'abbé Morellet, étaient presque

les seuls asiles où l'esprit du vieux siècle se déployât
encore à l'aise et avec vérité. Non que sa mémoire ne
fût en grand honneur ailleurs, et que beaucoup de gens
ne fissent profession de lui appartenir; comment les
hommes nouveaux, les enfants de la Révolution et de
l'Empire, auraient-ils renié le xviiie siècle? Mais qu'ils
étaient loin de lui ressembler! La politique les absor-
bait, la politique pratique, réelle; toutes leurs pen-
sées, toutes leurs forces étaient incessamment tendues,
soit vers les affaires du maître, soit vers leurs propres
affaires; point de méditation, point de loisir; du mouvement, du travail, puis encore du travail et du mouvement. Le xviiie siècle aussi s'occupait fort de politique, mais par goût, non par nécessité; elle tenait
beaucoup de place dans les esprits, peu dans la vie; on
réfléchissait, on dissertait, on projetait beaucoup; on
agissait peu. En aucun temps les matières politiques
n'ont été l'objet d'une préoccupation intellectuelle si
générale et si féconde; aucun temps peut-être n'a été
plus étranger à l'esprit politique proprement dit, à cet
esprit simple, prompt, judicieux, résolu, léger dans
la pensée, sérieux dans l'action, qui ne voit que les
faits et ne s'inquiète que des résultats.

A part même cette opposition de la science et de la
pratique, quel abîme entre la politique qu'on faisait il
y a trente ans, et celle que, cinquante ans plus tôt, on
aurait voulu faire! Qu'étaient devenues les doctrines,

les espérances qui avaient enchanté et remué tout un
peuple, tous les peuples? Comment les hommes d'affaires du xixe siècle tenaient-ils les promesses des philosophes du xviiie? Les uns hardiment, les autres timi-
dement et avec embarras, désertaient les idées, les
institutions dont le nom seul, la seule perspective,
avaient fait leur fortune. Le despotisme, un despotisme savant, raisonneur, et qui prétendait s'ériger en
système, voyait à son service les enfants des plus doctes
théories de liberté. Plusieurs, gens d'honneur et de
cœur, attachés dans l'âme à leur ancienne foi, pro-
testaient de temps en temps, mais sans conséquence,
contre les insultes et les coups qu'on lui portait autour
d'eux. La plupart, en défendant Voltaire contre Geof-
froi et les incrédules contre les dévots, se jugeaient
quittes envers la philosophie et la liberté. Mais qu'auraient dit les philosophes, qu'aurait dit Voltaire lui-
même, malgré ses dédains pour la métaphysique et
ses complaisances pour le pouvoir, s'ils avaient assisté à
un dîner de l'archi-chancelier, ou à une séance du
Conseil-d'État impérial? Croit-on que le xviiie siècle
se fût reconnu là, qu'il eût accepté ses héritiers pour
représentants?

Ils ne lui ressemblaient pas davantage par les manières, le tour d'esprit, le ton, les habitudes et les
formes extérieures. Hommes du monde autant que
lettrés, les philosophes du xviiie siècle avaient passé

leur vie dans les plus douces et plus brillantes ré-
gions de cette société par eux tant attaquée. Elle
les avait accueillis, célébrés ; ils s'étaient mêlés à
tous les plaisirs de son élégante et agréable existence ; ils partageaient ses goûts, ses mœurs, toutes
les finesses, toutes les susceptibilités d'une civilisation
à la fois vieillie et rajeunie, aristocratique et littéraire ; ils étaient de cet ancien régime démoli par
leurs mains. Mais les philosophes de la seconde génération, les vrais fils de la Révolution et de l'Empire,
n'étaient point de l'ancien régime, et ne l'avaient
connu que pour le renverser. Entre ceux-ci et la
bonne compagnie du xviiie siècle, aucun lien, rien de
commun ; au lieu des salons de madame Geoffrin, de
mademoiselle de Lespinasse, de madame Trudaine, de
la maréchale de Beauveau, de madame Necker, ils
avaient vécu dans les assemblées publiques, les clubs
et les camps. Des événements immenses, terribles,
avaient remplacé pour eux les plaisirs de société et les
succès d'académie. Bien loin d'être façonnés pour
l'agrément des relations sociales dans une vie oisive et
facile, tout en eux portait l'empreinte des temps si
actifs et si lourds qu'ils avaient eu à traverser. Leurs
manières n'étaient ni élégantes, ni douces ; ils parlaient
et traitaient brusquement, rudement, comme toujours
pressés et n'ayant pas le loisir de songer à tout et de
tout ménager. Corrompus, ils s'établissaient sèche-

ment dans un égoïsme grossier et cynique; gens de bien, il manquait aux formes de leur conduite, aux dehors de leurs vertus, ce fini, cette harmonie qui semblent n'appartenir qu'à la longue et paisible possession d'une situation ou d'un sentiment. Peu de goût pour la conversation, les lectures, les visites, toutes ces occupations sans but, ces délassements sans nécessité, où naguère tant de gens trouvaient un emploi demi-sérieux, demi-frivole, de leur esprit et de leur temps. Pour eux, leur temps et leur esprit étaient absorbés par leurs affaires et leurs intérêts; leur plaisir, c'était le repos.

Parmi ces hommes du régime nouveau, quelques philosophes, quelques écrivains, la plupart sans fonctions et suspects à l'Empire, avaient presque seuls quelque besoin et quelque habitude de se réunir, de causer, de rechercher et de goûter en commun quelques jouissances intellectuelles. Ils formaient une coterie libérale, grande admiratrice du xviiie siècle, et qui se flattait bien de le continuer. Mais, née surtout de la Révolution, elle en portait le sceau bien plus que celui de l'époque antérieure. Quoique des hommes fort étrangers à tout acte révolutionnaire y fussent mêlés, à tout prendre, l'esprit révolutionnaire y dominait avec ses mérites et ses défauts, plus d'indépendance que d'élévation, plus d'âpreté que d'indépendance, ami de l'humanité et de ses progrès, mais

méfiant, envieux, insociable pour quiconque n'accep-
tait pas son joug, unissant aux préjugés de coterie les
haines de faction. La coterie était d'ailleurs fort con-
centrée en elle-même; peu de mélange des classes et
des habitudes diverses; peu de familiarité avec les gens
du monde proprement dit; rien qui rappelât la com-
position et le mouvement de l'ancienne société philosophique; toutes les petites manies des lettrés de profession vivant seuls et entre eux; sans parler de je ne
sais quelle discordance dans les manières, tour à tour
familières et tendues, également dépourvues de réserve et d'abandon. Ou je me trompe fort, ou dans
les réunions de la *Décade philosophique*, et malgré
la communauté de beaucoup d'idées, les maîtres du
XVIIIe siècle que je nommais tout à l'heure, Montesquieu, Voltaire, Buffon, Turgot, d'Alembert, Diderot
même et Rousseau, les moins mondains de leur temps,
se seraient quelquefois sentis dépaysés et étrangers.

Dans des salons bien différents, au faubourg Saint-
Germain, au milieu des restes de l'aristocratie, remise,
ou à peu près, de ses désastres, ils n'auraient pas, au
premier abord, éprouvé la même surprise; ils auraient
reconnu les manières, le ton, toutes les formes et les
apparences sociales de leur époque. Peut-être même
auraient-ils pris plaisir à retrouver certaines traditions de l'ancien régime, et ce lien des souvenirs com-
muns, si puissant entre les hommes même les plus di-

vers. Mais en revanche que de choses plus graves les
auraient bientôt repoussés! Quelle profonde opposition de sentiments et d'idées! En vain auraient-ils
cherché là quelque trace de cette ouverture d'esprit,
de cette libéralité de cœur, de ce goût pour les plaisirs
et les progrès intellectuels qui distinguaient, cinquante
ans auparavant, une si notable portion de l'aristocratie française, et avaient si puissamment concouru
au mouvement du siècle. Au lieu de cela, le retour de
toutes les prétentions, de toutes les pédanteries aristo-
cratiques; un repentir amer de s'en être un moment
départi; un puéril empressement à rentrer sous le
joug, à reprendre du moins la livrée des vieilles
habitudes, des vieilles maximes; une arrogante anti-
pathie pour les lumières, l'esprit, les philosophes, et
tout ce qui pouvait leur ressembler.

Dans quelques coins pourtant de ce camp de l'ancien régime, l'opposition au gouvernement impérial,
l'influence de M. de Chateaubriand, le seul fait de
l'indépendance envers un despote et de l'enthousiasme
pour un grand écrivain, ramenaient du mouvement
moral, de la générosité politique, et devenaient même
çà et là, entre les débris de l'aristocratie et ceux de la
philosophie du dernier siècle, une source de sympathie. A coup sûr Montesquieu et Voltaire se seraient
trouvés plus à l'aise dans le salon de madame de Duras
que dans celui de l'archi-chancelier; et M. Suard cau-

sait plus librement, plus sympathiquement avec M. de Chateaubriand qu'avec Chénier. Mais cette petite coterie, plus animée, plus libérale, était alors comme perdue dans la grande coterie aristocratique; les idées religieuses la séparaient des philosophes dont les idées politiques l'auraient rapprochée; et malgré quelques points de contact avec eux, malgré une assez fréquente similitude de sentiments, de vœux, de goûts, de mœurs, en somme elle leur paraissait plus opposée que favorable, et se livrait au mouvement de réaction dont le xviiie siècle était l'objet.

Une autre coterie, plus restreinte encore, il est vrai, tenait de plus près à ce siècle, et semblait devoir en reproduire assez bien l'image. Elle ralliait les débris de cette portion du côté gauche de l'Assemblée constituante qui voulait, en 1789, la monarchie constitutionnelle, rien de moins, rien de plus, et où siégeaient MM. de Clermont-Tonnerre, de La Rochefoucauld, de Broglie, Mounier, Malouet, etc. : pur et patriotique parti, dont les idées devaient ouvrir et clore notre révolution, mais ne suffisaient pas à l'accomplir. Parmi ces hommes de sens et de bien, ceux qui restaient, la plupart du moins, fidèles à leurs principes et à leur cause, étrangers au gouvernement impérial, ou ne le servant qu'avec réserve et dignité, formaient chez madame de Tessé, chez la princesse d'Hénin, etc., une petite société de mœurs élégantes,

d'opinions libérales, étrangère à la sottise aristocratique, à la rancune révolutionnaire, liée à la fois par
ses habitudes à l'ancien régime, par ses sentiments au
nouvel état, aux besoins nouveaux du pays.

Il semble que là fût aussi la place des débris philo-
sophiques du xviiie siècle, et que les hommes si peu
nombreux qui en restaient se dussent fondre dans
cette coterie, où plusieurs d'entre eux allaient en effet
souvent et avaient des amis. Mais une différence réelle
les en séparait et ne permettait pas que la société du
xviiie siècle se trouvât là vraiment représentée. La
politique avait été la principale, presque l'unique affaire des Constituants; elle était le lien, le caractère
dominant de leur coterie. Issus de la philosophie et de
la littérature de leur temps, ils n'étaient cependant
ni lettrés ni philosophes; ils honoraient les doctrines
et les lettres, mais en gens qui les tiennent de la seconde main, et n'en font ni leur affaire ni leur plaisir.
Or l'école du xviiie siècle, sa véritable école, celle qui
lui servait de centre et lui donnait l'impulsion, était
essentiellement philosophique et littéraire : la politique l'intéressait, mais comme l'un des objets de sa
méditation, comme une application d'idées qui venaient de plus loin, et s'étendaient fort au delà. De nos
jours, purs politiques que nous sommes, nous nous
figurons que c'est là la plus attrayante, la première
préoccupation de l'esprit, et c'est presque uniquement

pour avoir enfanté des constitutions et rappelé les
peuples à la liberté que le XVIIIe siècle nous paraît
grand. Étroite présomption! Un champ bien plus vaste,
bien plus varié que la société humaine, s'ouvre devant
l'esprit humain; et dans ses jours de force et d'éclat,
il est loin de se satisfaire et de s'épuiser dans l'étude
des relations des hommes. Politique sans doute dans
ses vœux et ses résultats, le XVIIIe siècle était bien
autre chose encore, et prenait à ses idées, à leur vérité, à leur manifestation, un plaisir tout à fait indé-
pendant de l'emploi qu'en pourraient faire des publi-
cistes ou des législateurs. C'est là le caractère de
l'esprit philosophique, bien différent de l'esprit politique qui ne s'attache aux idées que dans leur rapport
avec les faits sociaux et pour les appliquer. Certaines
fractions, certaines coteries du XVIIIe siècle, les économistes, par exemple, s'occupaient spécialement de
politique; mais le siècle en général, la société du siècle
dans son ensemble, aspirait surtout aux conquêtes et
aux jouissances intellectuelles de tout genre, en tout
sens, à tout prix; et la pensée de Voltaire, de Rousseau, de Diderot, se fût trouvée en prison si on l'eût
astreinte à ne s'exercer que sur les formes de gouvernement et la destinée des nations.

Les derniers contemporains de ces grands hommes,
les survivants de l'école philosophique, M. Suard et
l'abbé Morellet, n'étaient pas doués à coup sûr d'une

pensée si active ni si étendue. M. Suard n'avait aucun
vif désir de savoir ni de produire; quoique la littérature lui eût seule ouvert les portes du monde, il était
bien plus homme du monde qu'homme de lettres.
Esprit difficile, paresseux, d'une élégance et d'un dédain
aristocratique, pourvu qu'il menât une vie honorable,
semée d'intérêts doux et de relations agréables, peu
lui importait de déployer ses facultés et de se faire un
nom. Depuis que le travail n'était plus pour lui une
nécessité, il le prenait et le quittait comme un passe-
temps, lisant et écrivant à loisir, sans but, pour son
seul plaisir, avec une sorte d'épicurisme intellectuel
qui n'avait pourtant rien d'égoïste ni d'indifférent. Les
études de l'abbé Morellet avaient été plus sérieuses,
plus patientes, mais très-spéciales; l'économie politique et quelques applications de ce qu'il avait appris
en Sorbonne l'avaient presque exclusivement occupé.
Il semble qu'à l'un et à l'autre de ces deux hommes la
société des Constituants, avec ses traditions de leur
temps, ses habitudes élégantes, son estime des lettres
et ses principes politiques, dût pleinement suffire.
Pourtant il n'en était rien; à l'exemple de leurs maîtres, ils avaient tous deux des besoins intellectuels plus
variés; ils prenaient aux idées, aux mouvements de
l'esprit humain, un intérêt plus désintéressé, si je puis
ainsi parler, plus exempt de toute direction particu-
lière, de toute application prochaine. Et séparés,

comme on vient de le voir, de toutes les coteries que j'ai nommées d'abord, ils ne sympathisaient qu'à demi avec celle-là même qui tenait de plus près à leurs opinions, à leurs souvenirs; il leur en fallait une qui fût une image plus complète, plus fidèle, de leur temps et de la société au sein de laquelle ils s'étaient formés.

Telle était en effet la leur. D'anciennes relations de même origine et de même goût, M. de Boufflers, M. Dupont de Nemours, M. Gallois, etc.; quelques académiciens dont M. Suard avait appuyé la candidature, et qui lui formaient un petit parti dans l'Académie; quelques jeunes gens dont il encourageait le talent avec une bienveillance qui n'avait rien de banal; quelques membres du Sénat, ou d'autres corps, qui faisaient profession d'indépendance; quelques étrangers qui ne se seraient pas pardonné de quitter Paris sans avoir connu les derniers contemporains de Voltaire et de ce siècle dont la gloire a pénétré plus loin que celle d'aucun autre; voilà de quoi cette société se composait. On se réunissait le jeudi chez l'abbé Morellet, les mardi et samedi chez M. Suard; quelquefois plus souvent pour un cercle choisi. Les mercredi, madame d'Houdetot donnait à dîner à un certain nombre de personnes invitées une fois pour toutes, et qui pouvaient y aller quand il leur plaisait. Elles s'y trouvaient en général huit, dix, quelquefois davantage. Point de recherche, point de bonne chère; le dîner n'était qu'un moyen, nullement un but de réunion. Après le dîner, assise au coin du feu, dans son grand fauteuil, le dos voûté, la tête inclinée sur la poitrine, parlant peu, bas, remuant à peine, madame d'Houdetot assistait en quelque sorte à la conversation, sans la diriger, sans l'exciter, point gênante, point maîtresse de maison, bonne, facile, mais prenant à tout ce qui se disait, aux discussions littéraires, aux nouvelles de société ou de spectacle, au moindre incident, au moindre mot spirituel, un intérêt vif et curieux : mélange piquant et original de vieillesse et de jeunesse, de tranquillité et de mouvement.

On trouvait chez M. Suard moins de facilité, moins de laisser aller ; là, peu d'*a parte* entre les voisins, peu d'interruptions au gré de telle ou telle fantaisie, une conversation presque toujours générale et suivie. C'était l'usage de la maison, et on y tenait ; il en résultait quelquefois, surtout au commencement de la soirée, un peu de gêne et de froideur. Mais en revanche, là régnaient une liberté plus sérieuse et bien plus de variété réelle. M. Suard ne craignait d'aborder ni de voir aborder chez lui aucun sujet. Nulle part la franchise de la pensée et du langage n'était aussi grande, aussi ouvertement autorisée, provoquée par le maître de la maison. Les hommes qui ne l'ont pas vu ne sauraient se figurer, et les hommes qui l'ont vu ont oublié quelle était alors la timidité des esprits, la

retenue des entretiens; à quel point, dès que le moindre contact avec la politique se laissait entrevoir, les
figures devenaient froides et les paroles officielles. Un
censeur de cette époque montrait à quelqu'un de ses
amis certains passages d'une pièce de théâtre qu'il était
chargé d'examiner : « Vous ne voyez là point d'allu-
« sions, lui disait-il; le public n'en verra point; eh
« bien, monsieur, il y en a, et je me garderai bien de
« les autoriser. » De 1809 à 1814, tous étaient à peu
près comme le censeur; tous se conduisaient comme
s'il y eût eu des allusions là où personne n'en eût pu
voir; et sur tout sujet politique, ou seulement philosophique, toute conversation un peu sérieuse en était
frappée de mort. M. Suard n'avait jamais souffert que
cette mort pénétrât chez lui : nul homme n'était plus
étranger à toute menée, à toute intention politique,
plus modéré au fond dans ses opinions et ses désirs;
il n'avait même, pour l'action et les affaires, ni goût
ni talent. Mais la liberté de la pensée et de la parole
était sa vie, son honneur; il se fût senti avili à ses
propres yeux d'y renoncer, et la maintenait au profit
de tous. La conversation n'y manquait pas d'ailleurs
d'étendue et de variété; aucune habitude, aucune préoccupation spéciale n'en rétrécissait le champ; philosophie, littérature, histoire, arts, antiquité, temps
modernes, pays étrangers, tous les sujets y étaient
accueillis avec faveur. Les idées jeunes et nouvelles

même, fussent-elles peu en accord avec les traditions du XVIIIe siècle, n'y rencontraient point une hostilité repoussante ; on leur pardonnait de déplaire en faveur du mouvement d'esprit qu'excitait leur nouveauté ; car on avait besoin surtout de ce mouvement ; on vivait, en fait d'idées et de connaissances, sur un fonds depuis longtemps exploité ; ainsi que les mêmes personnes, les mêmes réflexions, les mêmes anecdotes revenaient souvent ; et l'activité, bien que réelle, n'était ni féconde ni progressive. Mais on y sentait incessamment cette sincérité, ce désintéressement de l'esprit qui font peut-être le plus grand charme de la pensée et de la conversation. On se réunissait, on causait sans nécessité, sans but, par le seul attrait des communications intellectuelles. Ce n'était pas sans doute le sérieux d'amis passionnés de la vérité et de la science ; mais c'était encore moins l'étroit égoïsme ou le mesquin travail des gens qui ne font cas que de l'utile et n'agissent ou ne parlent qu'avec un dessein spécial, en vue de quelque résultat déterminé. On ne recherchait pas, il est vrai, on ne produisait pas les idées pour elles-mêmes et pour elles seules ; on leur demandait quelque chose au delà, un plaisir social, mais rien de plus.

Et c'était précisément là ce qui distinguait, il y a trente ans, cette coterie de toutes les autres, ce qui en faisait l'image la plus vraie, la seule image de la

société, qui, cinquante ans auparavant, avait animé
Paris, et toute l'Europe au nom de Paris.

Image bien froide sans doute, bien pâle. Cinquante
ans auparavant, la coterie philosophique ne se resser-
rait pas autour de deux ou trois vieillards ; elle était
partout, chez les gens de cour, d'église, de robe, de
finance ; hautaine ici, complaisante là, tantôt endoc-
trinant, tantôt divertissant ses hôtes, mais partout
jeune, active, confiante, recrutant et guerroyant partout, pénétrant et entraînant la société tout entière.
Et le mouvement ne se renfermait pas dans Paris ; il
en partait pour se répandre en tous sens et y revenir
plus vif, plus général. Grimm adressait sa *Correspondance* à l'impératrice de Russie, à la reine de Suède,
au roi de Pologne, à huit ou dix princes souverains
tous avides des moindres faits, des moindres bruits
venus de ce grand atelier de travail et de plaisir intellectuel. Il n'était pas besoin d'être prince souverain
pour entretenir à Paris un correspondant : en Alle-
magne, en Italie, en Angleterre, de simples particu-
liers, riches et curieux, voulaient avoir le leur, et de
mois en mois, de semaine en semaine, être tant bien
que mal informés de tout ce qu'on faisait, disait ou
pensait à Paris. On s'adressait à d'Alembert, à Diderot, à Grimm lui-même pour leur demander des cor-
respondants de moindre figure ; et des jeunes gens sans
fortune, sans nom, à leur début dans les lettres, trou-

vaient là un moyen d'existence, comme ils en trouvent maintenant dans les journaux.

Certes, c'était là une autre société que cette petite coterie philosophique de 1809, si faible, si isolée. C'était un autre état intellectuel que celui dont le salon de M. Suard pouvait donner l'idée. Cependant le fond, sinon l'éclat, la direction, sinon le mouvement, étaient les mêmes ; c'était le même goût des plaisirs et des progrès de l'esprit, également éloigné de la méditation pure et de l'application intéressée ; le même mélange de sérieux et de légèreté ; le même besoin de nouveauté pour la pensée sans désir bien vif d'innovation dans les situations sociales et la vie ; le même penchant à s'occuper des questions et des intérêts politiques, avec la même prépondérance de l'esprit philosophique et littéraire sur l'esprit politique. Le grand tableau n'existait plus ; le dessin qui en restait était fidèle et pur.

Madame de Rumford avait été élevée au milieu de ce monde dont les diverses coteries que je viens de rappeler étaient, en 1809, les derniers débris. Son père, M. Paulze, d'abord receveur-général, ensuite fermier-général des finances, homme très éclairé dans la science et très habile dans la pratique de son état, avait épousé une nièce du fameux contrôleur-général, l'abbé Terrai. Celui-ci faisait grand cas des lumières et de l'expérience de son neveu, qui donnait souvent à son oncle, sur l'administration des finances, d'excellents conseils, fort bien compris, car l'abbé Terrai était homme de beaucoup d'esprit, et assez mal suivis, comme il devait arriver à un ministre qui ne voulait se brouiller avec personne à la cour, et ne recevait pas du pays de quoi suffire en même temps aux besoins de l'État et aux fantaisies de tout le monde. Une longue correspondance, entre l'abbé Terrai et M. Paulze, a été conservée, en grande partie du moins, dans la famille du fermier-général, et contient, sur les mesures financières de ce temps, des renseignements fort curieux.

L'administration compte en France trois grandes époques. Elle a été créée au xviie siècle, sous Louis XIV. Au xviiie, de 1750 à 1789, elle est entrée dans les voies du progrès scientifique et de la civilisation universelle. C'est de nos jours, et d'abord par l'impulsion de l'Assemblée constituante, qu'elle a reçu sa forme systématique, et pris dans la société, aussi bien que dans le gouvernement, une influence, destinée, si je ne me trompe, à s'accroître encore, en se combinant avec les institutions libres.

La seconde de ces époques a rendu à la France des services, à mon avis, trop peu connus et mal appréciés. Aux grandes questions de l'ordre moral appartient la prééminence. Je ne m'en étonne ni ne m'en plains. Ces questions, soulevées alors avec tant d'éclat et d'effet, ont éclipsé toutes les autres. L'administra-

tion s'est effacée devant la politique. Ses travaux, ses
projets étaient modestes au milieu, selon les uns, du
bouleversement, selon les autres, de la régénération
de la société. Un grand fait pourtant date de ce temps,
la création des sciences qui planent au-dessus de l'administration et lui révèlent les lois des faits qu'elle
est appelée à régir. Personne n'a encore entrevu, et
peut-être ne saurait encore entrevoir le rôle que ces
sciences sont destinées à jouer dans le monde. Rôle
immense, quoiqu'il ne doive et ne puisse jamais être
le premier. Au xviiie siècle en appartiendra le principal honneur : c'est là son œuvre la plus originale.

La partie théorique de cette œuvre n'a point à se
plaindre de la renommée. Elle fit grand bruit en nais-
sant. Les diverses écoles économistes, leurs systèmes,
leurs débats n'ont jamais cessé d'attirer puissamment
l'attention publique. Mais la partie pratique de l'administration française dans la seconde moitié du xviiie siècle, l'esprit général qui y présidait, son respect pour
la science et pour l'humanité; ses efforts, d'une part
pour assurer l'empire des principes sur les faits, de
l'autre pour diriger les faits et les principes vers le
bien de la société tout entière; les résultats positifs de
ces efforts; les innombrables et inappréciables amé-
liorations accomplies, ou commencées, ou préparées,
ou méditées à cette époque dans tous les services pu-
blics; les travaux, en un mot, et les mérites des admi-

nistrateurs de tout genre et de tout rang qui ont eu alors en main les affaires du pays, c'est ce qu'ont trop effacé les orages et les triomphes de la politique, ce qui n'a pas obtenu sa juste part de reconnaissance et de célébrité.

La maison de M. Paulze était l'un des foyers de ces utiles études, de ces salutaires réformes. Là se réunissaient Turgot, Malesherbes, Trudaine, Condorcet, Dupont de Nemours; là dans des conversations à la fois sérieuses et faciles, sans préméditation savante, sans autre but que la vérité, les questions étaient posées, les faits rapportés, les idées débattues. M. Paulze n'y fournissait pas seulement le tribut de ses lumières personnelles; il avait institué à la Ferme-générale un bureau chargé de recueillir, sur l'impôt et le commerce de la France, sur le mouvement des ports, sur tout ce qui intéresse la richesse nationale, tous les renseignements statistiques. Il entretenait, dans le même dessein, avec un grand nombre de négociants et de banquiers étrangers, une correspondance assidue. Ces documents étaient libéralement communiqués aux hommes éclairés qui fréquentaient sa maison. L'abbé Raynal, entre autres, ami particulier de M. Paulze, y puisa la plupart des faits et des nombreux détails qu'il a consignés dans son *Histoire philosophique des deux Indes*, et qui en sont la seule partie encore importante aujourd'hui.

Cette société, ces conversations n'avaient rien qui pût entrer dans l'éducation de mademoiselle Paulze, ni influer directement sur elle. Mais, à vivre et à se développer dans une telle atmosphère, elle apprit deux choses, le plus salutaire enseignement que l'enfance puissé recevoir et léguer à toute la vie, l'estime des études sérieuses et le respect du mérite personnel.

Elle avait à peine treize ans quand l'abbé Terrai voulut la marier à la cour. Son père, peu touché de cette fantaisie, préféra un de ses collègues dans la Ferme-générale, M. Lavoisier, et l'abbé Terrai n'en prit point d'humeur. Le mariage fut célébré dans la chapelle de l'hôtel du contrôleur-général, le 16 décembre 1771.

En passant de la maison de son père dans celle de son mari, madame Lavoisier changea d'horizon sans changer d'habitudes. Au mouvement des sciences économiques succéda celui des sciences physiques, et la société des savants à celle des administrateurs. Les hommes spéciaux témoignent quelquefois un grand dédain pour l'intérêt que les gens du monde peuvent porter à leurs travaux; et s'il s'agissait en effet d'en juger le mérite scientifique, ils auraient pleinement raison. Mais l'estime, le goût du public pour la science, et la manifestation fréquente, vive, de ce sentiment, sont pour elle d'une haute importance, et jouent un grand rôle dans son histoire. Les temps de cette sympathie, un peu fastueuse et frivole, ont toujours été,

pour les sciences, des temps d'élan et de progrès ; et
à considérer les choses dans leur ensemble, l'histoire
naturelle et la chimie ont profité de l'existence sociale
de M. de Buffon et de M. Lavoisier, aussi bien que de
leurs découvertes.

Soit affection pour son mari, soit disposition naturelle, madame Lavoisier s'associa à ses travaux comme
un compagnon ou un disciple. Ceux-là même qui ne
l'ont connue que bien loin de la jeunesse ont pu démê-
ler que, sous une apparence un peu froide et rude, et
presque uniquement préoccupée de sa vie de société,
c'était une personne capable d'être fortement saisie par
un sentiment, par une idée, et de s'y adonner avec
passion. Elle vivait dans le laboratoire de M. Lavoisier, l'aidait dans ses expériences, écrivait ses obser-
vations sous sa dictée, traduisait, dessinait pour lui.
Elle apprit à graver pour qu'il fût sûr d'un ouvrier
exact jusqu'au scrupule, et les planches du *Traité de
Chimie* furent bien réellement l'œuvre de ses mains.
Elle publia, parce qu'il le désirait, la traduction d'un
ouvrage du chimiste anglais Kirwan « sur la force des
« acides et la proportion des substances qui composent
« les sels neutres » : et elle avait acquis, de la science
qu'ils cultivaient ensemble, une intelligence si complète que lorsque, en 1805, onze ans après la mort de
Lavoisier, elle voulut réunir et publier ses Mémoires
scientifiques, elle put se charger seule de ce travail, et

l'accomplit en effet, en y joignant une préface parfaitement simple, où ne se laisse entrevoir aucune ombre de prétention.

Un intérieur ainsi animé par une affection réciproque et des occupations favorites, une grande fortune, beaucoup de considération, une bonne maison à l'Arsenal, recherchée par les hommes les plus distingués, tous les plaisirs de l'esprit, de la richesse, de la jeunesse, c'était là, à coup sûr, une existence brillante et douce. Cette existence fut frappée, foudroyée par la Révolution, comme toutes celles qui l'entouraient. En 1794, madame Lavoisier vit monter le même jour sur l'échafaud son père et son mari, et n'échappa elle-même, après un emprisonnement assez court, qu'en se plongeant, avec la patience la plus persévérante, dans la plus complète et silencieuse obscurité.

Dès le début de la Révolution, M. Lavoisier, quelque favorables que fussent ses idées à la réforme de l'État, avait considéré l'avenir avec effroi. C'était un homme d'un esprit juste et calme, d'un caractère doux et modeste, qui poursuivait avec désintéressement, au sein d'une vie heureuse, de nobles et utiles travaux, et que les orages politiques dérangeaient beaucoup trop pour qu'il y plaçât ses espérances. En juin 1792, le Roi lui fit offrir le ministère des contributions publiques. M. Lavoisier le refusa par cette lettre pleine d'élévation, de simplicité et de droiture :

« Sire,

« Ce n'est ni par une crainte pusillanime, bien éloignée de mon caractère, ni par indifférence pour la chose publique, ni, je l'avouerai même, par le sentiment de l'insuffisance de mes forces, que je suis contraint de me refuser à la marque de confiance dont Votre Majesté veut bien m'honorer en me faisant offrir le ministère des contributions publiques. Témoin, pendant que j'ai été attaché à la trésorerie nationale, des sentiments patriotiques de Votre Majesté, de ses tendres sollicitudes pour le bonheur du peuple, de son inflexible sévérité de principes, de son inaltérable probité, je sens plus vivement que je ne puis l'exprimer ce à quoi je renonce, en perdant l'occasion de devenir l'organe de ses sentiments auprès de la nation.

« Mais, Sire, il est du devoir d'un honnête homme et d'un citoyen de n'accepter une place importante qu'autant qu'il a l'espérance d'en remplir les obligations dans toute leur étendue.

« Je ne suis ni jacobin, ni feuillant. Je ne suis d'aucune société, d'aucun club. Accoutumé à peser tout au poids de ma conscience et de ma raison, jamais je n'aurais pu consentir à aliéner mes opinions à aucun parti. J'ai juré, dans la sincérité de mon cœur, fidélité à la constitution que vous avez acceptée, aux pouvoirs constitués par le peuple, à vous, Sire, qui êtes le Roi constitutionnel des Français, à vous dont les vertus et les malheurs ne sont pas assez sentis. Convaincu, comme je le suis, que le Corps législatif est sorti des limites que la constitution lui avait tracées, que pourrait un ministre constitutionnaire? Incapable de composer avec ses principes et avec sa conscience, il réclamerait en vain l'autorité de la loi à laquelle tous les Français se sont liés par le serment le plus imposant. La résistance qu'il pourrait conseiller, par les moyens que la constitution donne à Votre Majesté, serait présentée comme un crime; il périrait victime de ses devoirs, et l'inflexibilité même de son caractère deviendrait la source de nouveaux malheurs.

« Sire, permettez que je continue de consacrer mes veilles et mon existence au service de l'État dans des postes moins élevés, mais où je pourrai rendre des services peut-être plus utiles, et probablement plus durables. Dévoué à l'instruction publique, je chercherai à éclairer le peuple sur ses devoirs. Soldat citoyen, je porterai les armes pour la défense de la patrie, pour celle de la loi, pour la sûreté du représentant inamovible du peuple français.

« Je suis, avec un profond respect, de Votre Majesté, Sire, le très-humble, etc., etc. »

L'illustre savant prétendait trop quand il demandait la permission d'employer sa vie « à éclairer le peuple ». On l'envoya à la mort, au nom du peuple ignorant et opprimé.

Il légua à sa veuve toute sa fortune, et elle en dut en partie la conservation au dévouement habile d'un serviteur fidèle, à qui elle témoigna à son tour, jusqu'à son dernier moment, la plus fidèle reconnaissance.

En 1798, lorsqu'une proscription à la fois cruelle et honteuse d'elle-même frappa quelques-uns de ses amis, entre autres l'un des plus intimes, M. de Marbois, une lettre de crédit de madame Lavoisier, sur son banquier à Londres, alla les chercher dans les déserts de Sinamary.

Quand les proscriptions cessèrent, quand l'ordre et la justice revinrent apaiser et ranimer en même temps la société, madame Lavoisier reprit sa place dans le monde, entourée de toute une génération de savants illustres, les amis, les disciples, les successeurs de Lavoisier, Lagrange, Laplace, Berthollet, Cuvier, Prony, Humboldt, Arago, charmés, en honorant sa veuve, de trouver dans sa maison, en retour de l'éclat qu'ils y répandaient, les agréments d'une hospitalité élégante. M. de Rumford arriva parmi eux. Il était alors au service du roi de Bavière, et jouissait dans le public d'une grande popularité scientifique. Son esprit était élevé, sa conversation pleine d'intérêt, ses manières empreintes de bonté. Il plut à madame Lavoisier. Il s'accordait avec ses habitudes, ses goûts, on pourrait presque dire avec ses souvenirs. Elle espéra recommencer en quelque sorte son bonheur. Elle l'épousa le 22 octobre 1805, heureuse d'offrir à un homme distingué une grande fortune et la plus agréable existence.

Leurs caractères ne se convinrent point. A la jeunesse seule il est facile d'oublier, au sein d'un tendre bonheur, la perte de l'indépendance. Des questions délicates furent élevées; des susceptibilités s'éveillèrent. Madame de Rumford, en se remariant, avait formellement stipulé dans son contrat qu'elle se ferait appeler *madame Lavoisier de Rumford*. M. de Rumford, qui y avait consenti, le trouva mauvais. Elle persista. « J'ai regardé comme un devoir, comme une religion, écrivait-elle en 1808, de ne point quitter le nom de Lavoisier..... Comptant sur la parole de M. de Rumford, je n'en aurais pas fait un article de mes engagements civils avec lui si je n'avais voulu laisser un acte public de mon respect pour M. Lavoisier et une preuve de la générosité de M. de Rumford. C'est un devoir pour moi de tenir à une détermination qui a toujours été une des conditions de notre union; et j'ai dans le fond de mon âme l'intime conviction que M. de Rumford ne me désapprouvera pas, et qu'après avoir pris le temps d'y réfléchir..... il me permettra de continuer à remplir un devoir que je regarde comme sacré. »

Ce fut encore là une espérance trompée. Après des agitations domestiques que M. de Rumford, avec plus de tact, eût rendues moins bruyantes, la séparation devint nécessaire, et elle eut lieu à l'amiable le 30 juin 1809.

Depuis cette époque, et pendant vingt-sept ans, aucun événement, on pourrait dire aucun incident ne dérangea plus madame de Rumford dans sa noble et agréable façon de vivre. Elle n'appartint plus qu'à ses amis et à la société, tantôt étendue, tantôt resserrée, qu'elle recevait avec un mélange assez singulier de rudesse et de politesse, toujours de très-bonne compagnie et d'une grande intelligence du monde, même dans ses brusqueries de langage et ses fantaisies d'autorité. Tous les lundis elle donnait à dîner, rarement à plus de dix ou douze personnes, et c'était ce jour-là que les hommes distingués, français ou étrangers, habitués de la maison ou invités en passant, se réunissaient chez elle dans une sorte d'intimité momentanée, promptement établie, entre des esprits si cultivés, par le plaisir d'une conversation sérieuse ou piquante, toujours variée et polie, dont madame de Rumford jouissait elle-même plus qu'elle n'en prenait soin. Le mardi, elle recevait tous ceux qui venaient la voir. Pour le vendredi étaient les réunions nombreuses,

composées de personnes fort diverses, mais apparte-
nant toutes à la meilleure compagnie de leur sorte,
et venant toutes avec un grand plaisir entendre là
l'excellente musique qu'y faisaient ensemble les artis-
tes les plus célèbres et les plus habiles amateurs.

Sous l'Empire, outre son agrément général, la maison de madame de Rumford avait un mérite particulier; la pensée et la parole n'y étaient pas officielles;
une certaine liberté d'esprit et de langage y régnait,
sans hostilité, sans arrière-pensée politique; uniquement de la liberté d'esprit, l'habitude de penser et de
parler à l'aise sans s'inquiéter de ce qu'en saurait et
dirait l'autorité. Précieux mérite alors, plus précieux
qu'on ne peut le supposer aujourd'hui. Il faut avoir
vécu sous la machine pneumatique pour sentir tout le
charme de respirer.

Quand la Restauration fut venue, au milieu du
mouvement des partis et des débats parlementaires,
ce ne fut plus la liberté qui manqua aux hommes de
sens et de goût : un autre mal pesa sur eux; le mal
de l'esprit de parti, des préventions et des animosités
de parti; mal incommode et funeste, qui rétrécit tous
les horizons, répand sur toutes choses un faux jour,
roidit l'intelligence, aigrit le cœur, fait perdre aux
hommes les plus distingués cette étendue d'idées, cette
générosité de sentiments qui leur conviendraient si
bien, et enlève autant d'agrément à leur vie que de

richesse à leur nature et de charme à leur caractère.
Ce fléau de la société, dans les pays libres, pénétra peu,
très peu dans la maison de madame de Rumford;
comme naguère la liberté, l'équité ne s'en laissa point
bannir. Non-seulement les hommes des partis les plus
divers continuèrent de s'y rencontrer, mais l'urbanité
y régnait entre eux : il semblait que, par une conven-
tion tacite, ils laissassent à la porte de ce salon leurs
dissentiments, leurs antipathies, leurs rancunes, et
qu'évitant de concert les sujets de conversation qui les
auraient contraints de se heurter, ils eussent d'ailleurs
l'esprit aussi libre, le cœur aussi tolérant que s'ils ne
se fussent jamais enrôlés sous le joug des partis.

Ainsi se perpétuait, dans la maison de madame de
Rumford et selon son désir, l'esprit social de son
temps et du monde où elle s'était formée. Je ne sais
si nos neveux reverront jamais une société semblable, des mœurs si nobles et si gracieuses, tant de
mouvement dans les idées et de facilité dans la vie, un
goût si vif pour le progrès de la civilisation, pour
l'exercice de l'esprit, sans aucune de ces passions
âpres, de ces habitudes inélégantes et dures qui l'ac-
compagnent souvent, et rendent pénibles ou impossi-
bles les relations les plus désirables. Ce qui manquait
au XVIIIe siècle, ce qu'il y avait de superficiel dans ses
idées et de caduc dans ses mœurs, d'insensé dans ses
prétentions et de vain dans sa puissance créatrice,

l'expérience l'a révélé avec éclat ; nous l'avons appris
à nos dépens. Nous savons, nous sentons le mal que
nous a légué cette époque mémorable. Elle a prêché
le doute, l'égoïsme, le matérialisme. Elle a touché
d'une main impure, et flétri pour quelque temps de
nobles et beaux côtés de la nature humaine. Mais, si le
xviii⁰ siècle n'eût fait que cela, si tel eût été seulement
son principal caractère, croit-on qu'il eût amené à sa
suite tant et de si grandes choses, qu'il eût à ce point
remué le monde? Il était bien supérieur à tous ses
sceptiques, à tous ses cyniques. Que dis-je, supérieur?
Il leur était essentiellement contraire, et leur donnait
un continuel démenti. En dépit de la faiblesse de ses
mœurs, de la frivolité de ses formes, de la sécheresse
de telle ou telle doctrine, en dépit de sa tendance cri-
tique et destructive, c'était un siècle ardent et sincère,
un siècle de foi et de désintéressement. Il avait foi
dans la vérité, car il a réclamé pour elle le droit de
régner en ce monde. Il avait foi dans l'humanité, car
il lui a reconnu le pouvoir de se perfectionner et a
voulu qu'elle l'exerçât sans entrave. Il s'est abusé,
égaré dans cette double confiance ; il a tenté bien au
delà de son droit et de sa force. Il a mal jugé la nature morale de l'homme et les conditions de l'état
social. Ses idées comme ses œuvres ont contracté la
souillure de ses vices. Mais, cela convenu, la pensée
originale, dominante, du xviii⁰ siècle, la croyance que

3

l'homme, la vérité, la société sont faits l'un pour l'autre, dignes l'un de l'autre et appelés à s'unir, cette juste et salutaire croyance s'élève et surmonte toute son histoire. Le premier, il l'a proclamée et a voulu la réaliser. De là sa puissance et sa popularité sur toute la face de la terre.

De là aussi, pour descendre des grandes choses aux petites et de la destinée des hommes à celle des salons, de là la séduction de cette époque et l'agrément qu'elle répandait sur la vie sociale. Jamais on n'avait vu toutes les conditions, toutes les classes qui forment l'élite d'un grand peuple, quelque diverses qu'elles eussent été dans leur histoire et fussent encore par leurs inté-rêts, oublier ainsi leur passé, leur personnalité, se rapprocher, s'unir au sein des mœurs les plus douces, et uniquement occupées de se plaire, de jouir et d'espérer ensemble pendant cinquante ans qui devaient finir, entre elles, par les plus terribles combats.

C'est là le fait rare, le fait charmant que j'ai vu survivre encore et s'éteindre dans les derniers salons du xviiiᵉ siècle. Celui de madame de Rumford s'est fermé le dernier.

Il s'est fermé avec une parfaite convenance, sans que le découragement y eût pénétré, sans avoir accepté aucune métamorphose, en demeurant constamment semblable à lui-même. Les hommes ont leur caractère original qu'ils tiennent à garder jusqu'au bout, leur brèche où ils veulent mourir. Le maréchal de Villars enviait au maréchal de Berwick le coup de canon qui l'avait tué. Le parlement britannique n'avait point d'orateur qui ne vît d'un œil jaloux lord Chatham tombant épuisé dans les bras de ses voisins, au milieu d'un sublime accès d'éloquence. Le président Molé eût tenu à grand honneur de finir ses jours sur son siége, en rendant justice à l'État contre les factieux. Vespasien disait : « Il faut qu'un empereur meure debout. » Madame de Rumford avait passé sa vie dans le monde, à rechercher pour elle-même et à offrir aux autres les plaisirs de la société. Non que le monde l'absorbât tout entière, et qu'elle n'eût, dans l'occasion, les plus sensés et les plus sérieux conseils à donner à ses amis, les bienfaits les plus abondants et les plus soutenus à répandre sans bruit sur le malheur. Mais enfin le monde, la société étaient sa principale affaire; elle vivait surtout dans son salon. Elle y est morte en quelque sorte debout, le 10 février 1836, entourée, la veille encore, de personnes qu'elle se plaisait à y réunir, et qui n'oublieront jamais ni l'agrément de sa maison, ni la solidité de ses amitiés.

F I N.

9 782011 778703